Offert à la Bibliothèque nationale

M. Prinet

Extrait des *Mélanges d'histoire du moyen âge*, offerts à M. Ferdinand Lot par ses amis et ses élèves. Paris, Champion, 1925.

LES ARMOIRIES FRANÇAISES

DANS LE

CLIPEARIUS TEUTONICORUM

par M. PRINET.

Le *Clipearius Teutonicorum* est un armorial bien connu. Il a été composé, au XIIIe siècle, en vers latins rimés, par Conrad de Mure [1].

Ce personnage était, en 1244, « rector puerorum » de la collégiale de Zurich ; en 1259, il fut élevé à la dignité de chantre de cette église, qu'il conserva jusqu'à sa mort arrivée le 30 mars 1281. L'un de ses successeurs en l'office de chantre de Zurich, Félix Hemmerlin (*Malleolus*) [2], l'énergique censeur des mœurs du clergé, a pris un soin particulier de la mémoire de Conrad. Il

---

1. Pour me conformer à l'usage, j'emploie le mot *Clipearius* qui a été adopté par tous les éditeurs de l'armorial et tous les biographes de Conrad de Mure, influencés sans doute par le mot *Fabularius*, titre d'un autre ouvrage de Conrad. Mais l'auteur lui-même paraît avoir désigné son recueil héraldique par le mot *Clipearium*. Du moins la liste de ses ouvrages, contenue dans le manuscrit du *Fabularius* conservé à la Bibliothèque cantonale de Zurich (Car. C. 56, fol. 131 *a*), porte-t-elle au nominatif : *Clipearium Teutonicorum*.

Le manuscrit de Zurich est daté du début du XVIe siècle (1502). Un autre manuscrit du même *Fabularius*, conservé à la Bibliothèque d'état de Munich (Cod. lat. membr. 399), est du XIVe siècle. Il ne contient pas, à la suite du texte de l'ouvrage, la liste des œuvres poétiques de Conrad ; cette liste manque également dans l'édition incunable du *Fabularius* dont un exemplaire est conservé à la Bibliothèque de Zurich (Gal. II, 117).

Je prie M. le Dr G. Leidinger, directeur à la Bibliothèque d'état de Munich, et M. le Dr F. Burckhardt, conservateur-adjoint de la Bibliothèque de Zurich, d'agréer mes remercîments, pour l'obligeance qu'ils ont mise à faciliter mes recherches.

2. Né en 1387, mort vers 1461.

s'est fait son biographe et l'éditeur de certaines de ses œuvres. Il a inséré l'armorial dans l'un de ses propres ouvrages intitulé *Dialogus de nobilitate et rusticitate* [1]. C'est sa copie qui a servi de base aux éditions qu'ont publiées, au XIXe siècle, Th. de Liebenau [2] et M. P. Ganz [3].

Conrad de Mure fut un écrivain fécond. Dans une annexe jointe à l'un de ses ouvrages, le *Fabularius*, il a donné lui-même les titres des livres qu'il avait composés antérieurement en vers, indiquant l'ordre de leur composition. Voici quelle est cette liste : 1° *Novus Graecismus* ; 2° *Libellus de sacramentis* ; 3° *Passio sanctorum martyrum Felicis et Regulae et Exsuperantii* ; 4° *Libellus de propriis nominibus fluviorum et montium* ; 5° *Cathedrale romanum* ; 6° *Laudes b. Virginis super V Ave Maria* ; 7° *Clipearium Teutonicorum* ; 8° *Catalogus romanorum pontificum et imperatorum* ; 9° *Commendatitio Rudolfi, regis Romanorum.*

Dans l'introduction du *Fabularius*, il s'attribue un *Libellus de naturis animalium*, et dans un appendice du même *Fabularius*, une *Vita sancti Martini* et un poème *De victoria regis Rudolfi contra Ottokarum, regem Bohemorum.* Il faut·ajouter à cette liste deux livres en prose : *Fabularius* et *Summa de arte prosandi*. On lui attribue aussi la rédaction d'un *Breviarium chori Thuricensis*, et d'un traité *De Musica*, abrégé de celui de Boèce. Pour la plupart, ces ouvrages se sont conservés, manuscrits ou imprimés [4].

---

1. Imprimé s. l. n. d. Bibliothèque nationale, Réserve F. 606 (fol. CVIII et s.). M. Polain a bien voulu m'apprendre que cet ouvrage avait été imprimé à Strasbourg, chez Prün, à une date qui ne peut être antérieure à 1487.

2. *Conrad's von Mure, Clipearius Teutonicorum*, dans *Anzeiger für schweizerische Geschichte*, nouv. série, t. III (1879-1881), p. 229 et s.

3. *Geschichte der heraldischen Kunst in der Schweiz* (1899), p. 174 et s.

4. Sur la vie et les œuvres de Conrad de Mure, voir : P. Gall Morel, *Conrad von Mure und dessen Schriften*, dans *Neues schweizerisches Museum*, t. V (1865), p. 29 et s. ; Th. von Liebenau, *loc. cit.* ; Franz-J. Bendel, *Konrad von Mure*, dans *Mitteilungen des Instituts für oesterreichische Geschichtsforschung*, t. XXX, fasc. I, p. 51 et s.

Le *Clipearius*, comme plusieurs autres ouvrages de Conrad, semble avoir été composé pour l'instruction des enfants ou des jeunes gens ; la forme que l'auteur lui a donnée paraît avoir été choisie pour aider la mémoire des écoliers.

Le style en est pénible ; la versification faible. Mais ce n'est pas là ce qui nous importe. C'est la valeur documentaire du texte qui nous intéresse, tant à l'égard des armoiries particulières, qu'en ce qui concerne l'histoire générale de l'héraldique. Cette valeur est très variable. En général, Conrad de Mure est exact lorsqu'il parle des armoiries portées dans son propre pays, dans l'Allemagne méridionale ; mais il attribue des blasons de fantaisie aux habitants des pays lointains. En effet, contrairement à ce que semblerait indiquer le titre qu'il porte, le *Clipearius Teutonicorum* renferme nombre d'armoiries étrangères à l'Allemagne : celles des rois de Jérusalem, d'Espagne, de Maroc, par exemple.

Je me propose d'examiner les blasons que Conrad attribue au roi de France et aux princes et seigneurs dont les domaines sont aujourd'hui compris dans les limites de la France.

I. — LE ROI DE FRANCE.

Francus rex in lasurio flores liliorum
Ex auro prefert, id habens insigne decorum.

Le nombre des fleurs de lis n'est pas indiqué. C'est qu'il était indifférent ; il l'est resté jusqu'au dernier quart du XIVe siècle. On exprime ce fait en disant que les fleurs de lis sont alors *sans nombre.*

Leur disposition la plus habituelle est celle du *semé,* c'est-à-dire que, toutes les fleurs étant placées en quinconce régulier, quelques-unes d'entre elles paraissent coupées par les bords de l'écu (fig. 1). Les artistes les multipliaient ou les réduisaient à leur gré. Ainsi, sur un sceau de la ville de Saint-Émilion, apposé

en 1302 [1], l'écu royal porte onze rangs de fleurs de lis ; il est brisé
vers la pointe, et devait contenir primitivement deux ou trois
rangs de plus. Il n'y a que trois fleurs de lis, avec l'amorce d'une
quatrième, coupée par la ligne du chef, sur les petits écus émail-
lés de la cassette, dite de saint Louis, aujourd'hui conservée au

FIG. 1.   FIG. 2.

Musée du Louvre [2] ; il en est de même sur l'écu placé au contre-
sceau de la prévôté de Paris en 1336 et 1339 [3].

Fréquemment, les artistes qui avaient à reproduire les armes
de France, ont supprimé ces fleurs incomplètes qui paraissaient
coupées par les bords de l'écu. Le blason royal est alors consti-
tué par un certain nombre de fleurs de lis, toutes complètes, qui
sont rangées sur plusieurs lignes horizontales parallèles ; de haut
en bas, chaque rang comprend une unité de moins que celui qui
précède. On trouve ainsi dix fleurs de lis, sur quatre rangs (fig.
2), six sur trois rangs, ou trois sur deux rangs [4]. Ces dispositions

1. Collect. des Archives nationales, n° 5573. M. Prinet, *Les variations du
nombre des fleurs de lis dans les armes de France*, dans le *Bulletin monumental*,
1911, p. 472 et fig. 2.

2. Aufauvre et Fichot, *Monuments de Seine-et-Marne*, p. 34, 35.

3. Archives nationales, J 299, n° 98. Collect. des Arch. nat., n° 4460. *Les
variations*, p. 473, et fig. 3.

4. *Ibid.*

conviennent à la décoration des écus triangulaires, le plus souvent employés du XIIIᵉ au XVᵉ siècle. Si l'aire à décorer était d'autre forme, on recourait à d'autres dispositions. Ainsi, quand elle était en losange, on y plaçait quatre fleurs de lis, une en chef, deux au milieu, une en pointe [1]. Sur les champs rétrécis des écus partis, on s'est parfois contenté de deux fleurs de lis, l'une au-dessus de l'autre [2]. Enfin, on est allé parfois jusqu'à réduire à l'unité le nombre des fleurs de lis [3].

Cette variété démontre que les artistes modifiaient à leur gré le nombre et la disposition des fleurs de lis, en tenant compte surtout de la forme et des dimensions des objets à décorer.

Le nombre trois n'était, au XIIIᵉ siècle, que l'un de ceux entre lesquels on pouvait choisir pour représenter les fleurs de lis de France [4]. Parfaitement approprié à la décoration de l'écu de forme triangulaire qui était alors en usage, il a eu pour cette raison un succès particulier. Il a dû, semble-t-il, un triomphe définitif aux idées symboliques attachées à ce nombre ; on y a vu surtout un rappel de la sainte Trinité, mais aussi on l'a mis en rapport avec diverses idées pieuses ou profanes [5]. A partir des dernières années du règne de Charles V, les monnaies royales et les sceaux portent le plus souvent les fleurs de lis au nombre de trois. Cependant,

---

1. Sceaux du bailliage de Cany, en 1334, de la vicomté de Valognes, en 1338 (Sceaux de la Normandie, aux Arch. nat., nᵒˢ 1790, 1941), et autres que j'ai cités (*Les variations*, p. 474 et fig. 4).

2. Sceau de la ville de Caraman aux armes d'Alfonse de Poitiers (Coll. des Arch. nat., nᵒ 5620 ; E. Roschach, *Histoire graphique de l'ancienne province de Languedoc*, p. 345).

3. Sceaux de la Saintonge, des cours de Figeac et de Cahors (Collect. des Arch. nat., nᵒˢ 4693, 4925, 4927 ; *Les variations*, p. 475 et fig. 5). Jeton de la reine Clémence de Hongrie (H. de la Tour, *Catalogue de la collection Rouyer*, pl. VI, nᵒ 14).

4. On trouve l'écu royal à trois fleurs de lis, dès 1228, sur le sceau de la ville de Lens (*Les variations*, fig. 1).

5. *Les variations*, p. 479-484.

on trouve encore, au xvᵉ siècle, quelques traces de l'ancien usage
de *semer* les fleurs de lis sans nombre sur l'écu de France.

II. — LE DUC DE LORRAINE.

*Lothoringus habet gilvum clipeum, sed oportet
Quod tres zona rubens albas aquilas ibi portet.*

Primitivement, les armes des ducs de Lorraine comportaient
trois aigles ou aiglettes, avec becs et pattes, sur la bande. Le plus
ancien sceau où ce blason apparaisse est, je crois, celui de Simon II
qui fut duc de Lorraine de 1176 à 1205 [1]. Ce sont les aigles
ou aiglettes qui se voient sur tous les sceaux des ducs de Lorraine, du xiiiᵉ siècle, conservés aux Archives nationales [2]. Ce
n'est que plus tard que l'on a représenté les oiseaux lorrains sans
bec ni pattes, que l'on en a fait ces volatiles bizarres appelés *alérions* par les héraldistes [3].

[1]. Ce sceau de type équestre est conservé (en fort mauvais état) aux Archives
de Meurthe-et-Moselle (B 798) ; il est appendu à un acte sans date, mais qui ne
peut être postérieur à 1196, car Brun de Rosières, mort au plus tard en cette
année, y figure comme témoin (H. Lefebvre, *A propos d'un sceau du duc Simon
II*, dans le *Journal de la Société d'archéologie lorraine*, 1894, p. 3-6). M. E. des
Robert a découvert aux Archives de Meurthe-et-Moselle (H 1087) un autre sceau
du même duc Simon, où ce prince est représenté à cheval, portant un écu à la bande
chargée de figures effacées qui peuvent être des aiglettes. Ce sceau est apposé
à un document sans date qui doit avoir été rédigé entre 1176 et 1186. Je
remercie M. des Robert d'avoir bien voulu m'indiquer cet intéressant monument.

[2]. Nᵒˢ 779 et suivants. Cf. M. Prinet, *Les armoiries françaises dans le* Tournôi
de Nantes *de Conrad de Wurtzbourg* dans le *Moyen Age*, 1921, p. 228-229.

[3]. On a dit que les armes de Lorraine constituaient un rébus anagramma-
tique : *Alérion* étant l'anagramme de *Loraine* (Lapaix, *Armorial des villes,
bourgs et villages de la Lorraine*, p. 45). Cette opinion est inacceptable, car les
oiseaux des armes de Lorraine étaient nommés primitivement *aigles* ou *aiglettes*,
et non *alérions*. D'ailleurs on ne connaît pas de rébus anagrammatiques dans
l'héraldique du moyen âge.

M. P. Marot a étudié attentivement l'histoire des armes de Lorraine. Il nous

III. — LE COMTE DE SAVOIE.

Ecce Subaudinus [1] comes : in rubeo peribetur
Ferre crucem cujus albus color esse videtur.

Le blason *de gueules à la croix d'argent* qui est ici décrit, est encore
porté aujourd'hui par la maison de Savoie [2]. Les plus anciens
emblèmes connus de cette famille sont le lion et l'aigle. La croix
apparaît d'une façon incontestable, au XIIIᵉ siècle. Pierre II, comte
de Savoie, dit le Petit Charlemagne (1263-1268), dès avant
son avènement, portait une croix, comme il se voit par le sceau
d'Agnès de Faucigny, sa femme, apposé à un acte de 1262 ; un
autre sceau de la même personne, apposé en 1263, porte aussi la
croix [3]. Et cependant Pierre II lui-même usait d'un sceau armorié d'une aigle, comme son père le comte Thomas Iᵉʳ [4] ; sa fille
Béatrix, femme du dauphin Guigues, avait un blason à la croix [5] ;
de même Thomas de Piémont, son neveu, Guie de Bourgogne
femme de ce dernier, et Éléonore de Savoie, dame de Beaujeu,
sœur Thomas de Piémont [6].

dira quand et comment les *aiglettes* ont perdu bec et pattes. Il est à remar-
quer que la même transformation d'*aigles* en *alérions* s'est produite ailleurs,
ainsi dans les armes des Montmorency (Voir A. du Chesne, *Histoire généalogique de la maison de Montmorency*, p. 12 et s.).

L'*alérion*, dans les textes des XIIᵉ et XIIIᵉ siècles, est un oiseau de proie de
grande taille, remarquable par la rapidité de son vol, une sorte d'aigle. Voir le
Glossarium de Du Cange, au mot *Alario*, et les *Dictionnaires* de Sainte-Palaye
et de Godefroy, au mot *Alérion*. C'est arbitrairement que l'on a attribué ce
nom à un oiseau sans bec ni pattes. Mais cette acception, consacrée par l'usage
des héraldistes, a prévalu.

1. Pour *Sabaudinus*.

2. Avec adjonction de nombreux quartiers.

3. Guichenon, *Histoire généalogique de la royale maison de Savoie*, t. I,
p. 136-137. Cibrario et Promis, *Sigilli de'principi di Savoia*, p. 39, 40, 105,
fig. 19.

4. Guichenon, p. 122. Cibrario et Promis, p. 39.

5. Cibrario et Promis, p. 40, 106-109, fig. 22, 23.

6. Coll. de sceaux des Arch. nat., nº 11646. Guichenon, p. 137. Cibrario et
Promis, p. 42, 119, fig. 34.

Mais le comte Philippe de Savoie, frère et successeur du Petit Charlemagne (1268-1285), porte l'aigle [1], ainsi que sa sœur Béatrix, comtesse de Provence, qui sur son sceau a fait graver, autour d'un écu à l'aigle, cette légende : ARMA COMITIS SABAVDIE ET MARCHIS ITHALIE [2]. Ce n'est qu'à partir d'Amédée V (1285-1323), que la croix est employée comme emblème héraldique par tous les comtes de Savoie [3].

On a dit que la croix avait été déjà portée par Thomas de Savoie, frère de Pierre, qui, par son mariage avec Jeanne de Flandre, fut comte de Flandre et de Hainaut, de 1237 à 1244, et qui mourut en 1259. Cette opinion repose, d'une part, sur un passage des *Annales* de Jacques de Guise, et d'autre part, sur la décoration héraldique d'un tombeau qui se trouve à la cathédrale d'Aoste, et qui passe pour celui de Thomas de Savoie.

Jacques de Guise dit, en effet [4], que Thomas avait un blason à la croix et qu'il le fit graver sur les sceaux de Mons. Mais cet historien écrivait environ un siècle et demi après le fait qu'il a rapporté ; son témoignage n'a donc pas une grande valeur probante. D'ailleurs, on n'a jamais retrouvé de sceaux de Mons décorés du blason qu'il l'indique.

Quant au tombeau de la cathédrale d'Aoste, il est sans inscription. On n'est pas certain qu'il ait été élevé à la mémoire de Thomas. C'est cependant assez vraisemblable. Ce qui est certain c'est que le monument n'a pas été exécuté avant le milieu du XIVe siècle. Le costume du « gisant » le prouve.

1. Cibrario et Promis, p. 39 et s., 111 et s., fig. 26 et s.

2. Coll. des Arch. nat., n° 1108. Guichenon, p. 139. Cibrario et Promis, p. 35, 97, 98, fig. 9, 10.

3. Collect. de sceaux des Arch. nat., n°s 11648 et s. Guichenon, p. 126 et s. Cibrario et Promis, p. 41, 121 et s., fig. 36 et s. — Sur les monnaies, l'écu à la croix apparaît sous le règne d'Amédée V (*Corpus nummorum italicorum*, t. I, p. 8-15, pl. I, n°s 15 et s.).

4. *Annales historiae illustrium principum Hanoniae,* dans *Monumenta Germaniae historica, Scriptores,* t. XXX, 1re partie, p. 307.

La statue est armée de toutes pièces. On voit l'aigle sur la cotte d'armes et le bouclier ; aux pieds du défunt, un lion supporte un écu à la croix [1]. Les deux blasons des comtes de Savoie des xiiie et xive siècles sont ici réunis : l'ancien, à l'aigle ; le nouveau, à la croix.

Les deux témoignages invoqués par ceux qui prétendent que Thomas de Savoie a porté la croix, sont donc trop tardifs pour être pris en sérieuse considération [2].

Récemment, on a cité des monuments qui paraîtraient indiquer que la croix de Savoie remonte au xiie siècle. Le sceau qui se trouve attaché à une charte de 1137, donnée par le comte Amédée III, en faveur du monastère de Saint-Nicolas de Montjoux, est de type armorial et porte un écu à la croix. Il a été publié par M. S. Pivano [3] qui a cru y trouver la preuve d'un emploi très ancien de la croix comme emblème de la maison de Savoie. Mais le sceau est d'un type qui n'était pas en usage au temps où l'acte a été rédigé [4]. M. Galbreath [5] l'a reconnu, et il a pensé que ce sceau, « attaché au document plus de cent ans après sa rédaction », était l'un de ceux du comte Amédée IV (1233-1253). La forme et les proportions de l'écu qui y figure, me porteraient à le croire un peu moins ancien, et à l'attribuer à Amédée V [6].

1. P. Toesca, *Catalogo delle cose d'arte e di antichità d'Italia : Aosta*, p. 34, 35, fig. 40 et pl.

2. Pour plus de détails sur les changements qui se sont produits dans les armes de Savoie, voir : A. Manno, *Origini e vicende dello stemma sabaudo*, dans *Curiosità e ricerche di storia subalpina*, t. II ; Carutti, *Regesta comitum Sabaudiae*, *Excursus II*.

3. *Le carte delle case del grande e del piccolo San Bernardo esistenti nell'Archivio del ordine Mauriziano*, dans les *Miscellanea Valdostana* (*Biblioteca della Società storica subalpina*, t. XVII, p. 79, 87 et pl.).

4. La figure publiée par M. Pivano est peu nette ; la légende n'y est pas lisible.

5. *Sigilla Agaunensia* dans les *Archives héraldiques suisses*, 1925, p. 8.

6. Voir les sceaux de type armorial d'Amédée V dans les *Sigilli* de Cibrario et Promis.

Le même M. Galbreath voit la croix de Savoie dans le décor des gonfanons des comtes Amédée III et Humbert III, représentés sur leurs sceaux de 1143 et 1150 [1]. Il serait très intéressant de constater l'existence de la croix de Savoie dès le milieu du XIIe siècle. Le fait serait d'autant plus curieux que l'on n'en a encore relevé aucune trace, durant les cent ans qui suivent. Mais les dessins de sceaux qu'a publiés M. Galbreath ne me convainquent pas de la présence d'une croix héraldique sur les gonfanons des comtes de Savoie. Sans doute, on peut y voir une croix, une croix qui se combinerait, se fondrait, pour ainsi dire, avec une bordure ; mais on peut aussi y voir un quadrillage à quatre compartiments. Or, les gonfanons de ce temps étaient habituellement décorés de motifs géométriques et en particulier de compartiments rectangulaires, de quadrillages, de croix aussi, le tout sans caractère héraldique [2].

IV. — LE COMTE DE MONTBÉLIARD.

Montispilgardi comes ex auro prohibetur [3]
Ferre duos pisces clipeo qui rufus habetur.

Les plus anciens sceaux aujourd'hui conservés des comtes de Montbéliard [4], datent de la seconde moitié du XIIIe siècle. C'était alors la famille de Montfaucon qui possédait le comté. Les armes primitives de cette maison paraissent avoir consisté en une bande. Amé, sire de Montfaucon, frère puîné de Thierri, comte de Mont-

---

1. *Sigilla Agaunensia*, p. 9-11.

2. L. Gautier, *La chevalerie* (1895), p. 328, 708, 709, 711 note, 712 note, 718, 765.

3. Pour *perhibetur*.

4. Montbéliard ne paraît être devenu le chef-lieu d'un comté qu'au milieu du XIe siècle, après l'union de la Bourgogne à l'Empire (R. Poupardin, *Le royaume de Bourgogne*, p. 180, 202, 231 ; L. Jacob, *Le royaume de Bourgogne sous les empereurs franconiens*, p. 27-43). Cf. Grosdidier de Matons, *Le comté de Bar, des origines au traité de Bruges*, p. 76, 78, 83, 84, etc.

béliard, porte en 1273, sur son sceau équestre, un blason à la bande, brisé d'un lambel ; en 1285-1293, Jean de Montbéliard-Montfaucon fait usage d'un sceau équestre armorié de même. Ce sont deux bars qui ornent les sceaux du comte Thierri, en 1263, de Richard son fils en 1277, de Guillemette de Neufchâtel, comtesse de Montbéliard, en 1285.

Les branches cadettes de la famille ont porté les mêmes armes avec diverses brisures [1]. Il semble bien que ce soit là le blason des anciens comtes de Montbéliard (qui appartenaient à la maison de Bar, ou Mousson), relevé par les Montfaucon [2].

V. — LE COMTE DE FERRETTE.

Pirreti cŏmitem clipeo gilvo scito pisces
Ferre duos et, ut arbitror, hos rubeos fore disces.

Les comtes de Ferrette (Pfirt), en Alsace, sont issus de Frédéric, fils de Thierri, comte de Bar, de Mousson et de Montbéliard ; ce Frédéric paraît avoir, le premier, pris le titre de comte de Ferrette ; il vivait en 1125-1160. Sa postérité masculine s'éteignit en 1324, à la mort du comte Ulrich, et le comté de Ferrette fut

1. L. Viellard, *Documents et mémoire pour servir à l'histoire du Territoire de Belfort*, p. 210, 211 pl. I, II. J. Gauthier, *Étude sur les sceaux des comtes et du pays de Montbéliard*, dans les *Mémoires de la Société d'émulation de Montbéliard*, t. XXVI (1897-1899), p. 341-400. Du même, *Armorial de Franche-Comté*, p. 16, 17. Voir aussi le *Wapenboeck* du héraut Gebre (édit. Bouton, t. III*, pl. XXXII, XXXVIII, p. 56-62, 110-115), et le ms. français 32753 de la Bibliothèque nationale (p. 56) où les poissons des armes de Montbéliard sont nommés *truttes* (truites).

2. Le comté de Montbéliard étant advenu à la maison de Wurtemberg par suite du mariage d'Eberhard le jeune, comte de Wurtemberg, avec Henriette de Montfaucon-Montbéliard (1397), le blason aux deux bars adossés passa aux Wurtemberg (Viellard, *op. cit.*, p. 21 ; J. Mauveaux, *Armorial du comté de Montbéliard*, dans les *Mémoires de la Société d'émulation de Montbéliard*, t. XLII, p. 219).

porté par Jeanne, fille aînée d'Ulrich, à son mari Albert le Sage,
duc d'Autriche.

L'écu aux poissons, semblable à celui des comtes de Montbéliard, quant au dessin, se voit sur de nombreux sceaux apposés
par les Ferrette au XIIIe siècle et au commencement du XIVe [1].

D'après Conrad de Mure, la branche de Ferrette aurait distin-
gué son blason de celui de la branche de Montbéliard, en inter-
vertissant les émaux, en faisant le champ *d'or* et les poissons *de
gueules* [2]. Mais le rôle d'armes de Zurich donne les poissons *d'or*
et le champ *de gueules* [3]. De même la plupart des armoriaux
modernes : ils font ainsi le blason des Ferrette identique à celui
des Montbéliard [4].

VI. — GUILLAUME D'ORLENS.

*Orlens Wilhelmi clipeo qui blavus habetur,
Aut de lasurio nitet, aurea stella videtur.*

Un blason d'*azur à l'étoile d'or* est ici attribué à Guillaume

1. Herrgott, *Genealogia diplomatica augustae gentis habsburgicae*, p. 268, pl.
XXI, nos 1-5. Schoepflin, *Alsatia illustrata*, t. I, p. 609. Quiquerez, *Histoire
des comtes de Ferrette*, dans les *Mémoires de la Société d'émulation de Montbéliard*,
t. I (1862-1864), p. 259-264.

2. La modification des armoiries par interversion des émaux est un mode
de brisure fort usité au moyen âge. Les Allemands appelaient « Wiederwap-
pen » les armes modifiées de cette manière.

3. *Die Wappenrolle von Zürich*, publ. par la Société des antiquaires de
Zurich, pl. II, fig. 30. — Les éditeurs de cet armorial ont fait suivre le nom de
Pfirt du mot *Schweiz*, entre parenthèses, comme s'ils croyaient que Ferrette
était en Suisse.

4. Voir : Tuefferd, *Généalogies de quelques familles nobles*, dans la *Revue d'Alsace*, 1879, p. 85-88 ; Mauveaux, *op. cit.*, p. 153. La ville de Ferrette porte
aujourd'hui dans ses armes deux bars adossés d'or sur gueules (Schoenhaupt,
Armorial des communes d'Alsace, Haute-Alsace, pl. 10). Elle a fait enregistrer
dans l'*Armorial* officiel, dressé en vertu de l'édit de novembre 1696, un blason
d'azur à deux barbeaux adossés d'argent (Bibl. nat., ms. français 32194, p. 892).
La confusion du bar (*labrax*) et du barbeau (*barbus*) est fréquente dans les descriptions d'armoiries.

d'Orlens, personnage imaginaire, héros d'un poème de Rodolphe d'Ems. Cet auteur fait de Guillaume le fils d'un comte de Hainaut et le fils adoptif d'un duc de Brabant. Il lui donne pour armes un lion (ou des lions). Sans décrire le décor du bouclier de Guillaume, il dit que, sur la couverture de son cheval étaient semés des lions d'or, et que c'était là l'écu de Hainaut, d'Orlens et de Brabant [1]. Nulle part il n'est question, dans le *Wilhelm von Orlens*, d'écu à l'étoile.

En revanche, ce blason est celui qui est attribué à un autre Guillaume, Guillaume d'Orange, par Wolfram d'Eschenbach. Dans son *Willehalm*, Wolfram donne au héros une bannière *d'azur à l'étoile d'or* [2]. Le poème allemand de Guillaume d'Orange est une traduction de la chanson française d'*Aliscans*; mais c'en est une traduction libre. L'étoile est une addition de Wolfram d'Eschenbach : le poète français s'était contenté de dire que la targe de Guillaume d'Orange était peinte *d'azur* et *d'or* [3]. On peut se demander si Wolfram n'a pas été influencé par ce fait

1.   Dikke uf sine tekke was gesât
     Menic guldinr löw,
     Dis was des schilt von Hanegou,
     Von Orlens und von Brabant
     Von den er alles was genant.

(*Willehalm von Orlens*, édit. Junk, dans *Deutsche Texte des Mittelalters*, publ. par l'Académie des sciences de Prusse, t. II (1905), vers 7400 et s.).

2.   Ein lieht sterne von golde,
     Als der markis wolde,
     In einem samît gar blâ
     Ob sîner schar swebete aldâ.

(*Willehalm*, édit. Leitzmann, 1906, p. 47, vers 328, 9 et s. Cf. *ibid.*, p. 75, vers 364, 4 et s.).

Dans le manuscrit de Cassel (de 1334) qui contient les additions faites au *Willehalm* de Wolfram par Ulrich von dem Türlin, les frères de Guillaume sont représentés portant, eux aussi, l'écu à l'étoile ([Ulrich von dem] Türlin, *Wilhelm der Heilige von Oranse*, édit. Casparson, p. 1).

3.   Li clers Estevenes a sa targe aportee
     Qui estoit d'or et d'asur couloree.
     Li quens la prist s'a la guige acolee.

(*Aliscans*, édit. Rolin, 1897, p. 82, vers 1910-1912.)

que la famille qui possédait Orange, de son temps, la maison de Baux [1], avait une étoile dans ses armes. Le blason des Baux était *de gueules à l'étoile d'argent*. Le poète allemand aurait pu emprunter le dessin aux armoiries des Baux, princes d'Orange, et les couleurs au poème d'*Aliscans*. Mais il se trouve que précisément ceux des Baux qui ont possédé Orange ont préféré à l'étoile le cornet considéré comme le blason propre des princes d'Orange ; sur quelques sceaux seulement, ils ont fait représenter l'étoile avec le cornet [2]. D'ailleurs Wolfram d'Eschenbach connaissait-il les Baux et leurs armes ? C'est peu probable : il passe pour avoir été fort ignorant.

Quoi qu'il en soit, Conrad de Mure qui, lui, était un savant, a confondu Guillaume d'Orlens et Guillaume d'Orange, dans les deux vers latins que nous commentons. Ces vers, j'ai pensé devoir les examiner ici, à cause du rapport qu'ils ont avec la légende française de Guillaume d'Orange. D'ailleurs, Guillaume d'Orlens peut être tenu pour un français, lui aussi, que son surnom

1. Orange est advenu à la maison de Baux par suite du mariage, contracté vers 1158-1160, de Bertrand de Baux avec Tibourg, fille de Guillaume de Montpellier-Omelas et de Tibourg, dame d'Orange. Bertrand reçut, en 1173, par le testament du frère de sa femme, Raimbaud, ce que celui-ci avait eu en partage dans la terre d'Orange. Le legs fut approuvé, en 1178, par Frédéric Barberousse. En même temps l'Empereur conféra à la terre d'Orange l'immédiateté, (Stumpf-Brentano, *Die Reischskanzler*, t. III, p. 732. F.-N. Nicollet, *Les derniers membres de la famille d'Orange-Montpellier*, dans les *Annales des Alpes*, 6e année, 1902, p. 119 et s. ; 7e année, 1903, p. 23. Cte H. de Castellane [*Origines du monnayage d'Orange*], dans les *Procès-verbaux des séances de la Société française de numismatique*, 1912, p. xlv). Les descendants de Bertrand de Baux arrondirent de différentes manières leur domaine que la maison de Baux conserva jusqu'au commencement du xve siècle (L. Barthélemy, *Inventaire chronologique et analytique des chartes de la maison de Baux*, p. 10, no 40, p. 18, no 68, p. 20, nos 74-77. G. Noblemaire, *Histoire de la maison des Baux*, p. 19, 87, etc.).

2. Ces sceaux ont été publiés par le docteur L. Barthélemy dans son *Inventaire chronologique et analytique des chartes de la maison de Baux* (p. 549 et s. 558, pl. viii, xv, etc.). Cf. Vallentin du Cheylard, *Scel de Raymon d'Aurengua*, dans les *Procès-verbaux et mémoires du Congrès international de numismatique* (tenu à Bruxelles, en 1910), p. 385 et s.

représente le nom de la ville d'Orléans, comme il me semble, ou celui de la ville de Doullens [1], comme on l'a cru [2].

VII. — LE DAUPHIN DE VIENNOIS.

Ferre Vigenensis auri clipeo memoratur
Delphinum cujus blavus color esse notatur.

L'emblème parlant qu'a porté plus tard le fils aîné du roi de France, apparaît pour la première fois dans l'écu d'un comte ou dauphin de Viennois, en 1237 [3], sur le sceau de Guigues, dit Guigonet, de la maison de Bourgogne [4]. A partir de la même époque, il figure sur les monnaies delphinales [5].

Primitivement peint d'une seule couleur, d'*azur*, le dauphin

1. Mone, *Wilhelm von Dourlens*, dans *Anzeiger für Kunde des deutschen Mittelalters*, 1835, col. 27 et s.

2. Il semble bien que Rodolphe d'Ems s'est inspiré de romans français. Voir : V. Zeidler, *Die Quellen von Rodolfs von Ems Wilhelm von Orlens* ; V. Lüdicke, *Vorgeschichte und Nachleben des Willehalm von Orlens von Rudolf von Ems.*

3. Roman, *Description des sceaux des familles seigneuriales du Dauphiné*, 2ᵉ édit., p. 81-85.

4. Fils d'André de Bourgogne qui prit le surnom de Dauphin et qui succéda, dans les comtés de Vienne et d'Albon, à sa mère Béatrix, duchesse de Bourgogne.

5. Le type monétaire au dauphin paraît avoir été créé après la confirmation du droit de battre monnaie, accordée, au mois d'avril 1238, par l'empereur Frédéric II au dauphin Guigonet, alors placé sous la tutelle de sa mère Béatrix de Montferrat (Vallentin du Cheylard, *Essai de classification des deux plus anciens deniers anonymes des dauphins de Viennois*, dans la *Gazette numismatique française*, 1899, p. 180-186). C'est à tort que Vallier (*Monnaies féodales du Dauphiné*, dans la *Revue belge de numismatique*, 1877, p. 301 et s.) a voulu faire remonter le type au dauphin jusqu'au temps de la concession du droit de battre monnaie faite, en 1156, par Frédéric Barberousse au comte d'Albon (Cf. A. d'Aure, *De l'ancienneté des monnaies des dauphins de Viennois*, dans les *Mélanges de numismatique*, publiés par Saulcy et Barthélemy, t. III (1882), p. 159-166).

Le classement chronologique des monnaies delphinales est resté très confus jusqu'ici. Il est bien à désirer que paraisse prochainement le mémoire où M. le comte H. de Castellane a traité de ce sujet.

a été par la suite, agrémenté de quelques touches de *gueules*. On
a peint en rouge les ouïes, les nageoires, la queue, les barbillons
figurés sous la mâchoire inférieure, et la crête dressée au-dessus
de la tête, et on a dit que ce poisson était *oreillé*, *loré*, *peautré*,
barbé (ou *bàrbelé*), *crété* de gueules. Parfois, on lui a donné des
dents d'argent, une langue de gueules, un œil d'argent ou de
gueules ; et le dauphin a été dit *denté* d'argent, *langué* ou *lampassé*
de gueules, *allumé* de gueules ou d'argent. De semblables détails
étaient d'abord laissés à la fantaisie des peintres d'armoiries ; il
n'en était point parlé dans les descriptions du blason delphinal [1] ;
peu à peu on est arrivé à croire qu'ils avaient de l'importance et
on a inscrit, dans les descriptions, tels ou tels d'entre eux, sans
que jamais l'entente ait été complète entre les héraldistes, à ce
sujet [2].

Dans la liste chronologique que Conrad de Mure a donnée de
ses ouvrages en vers, le *Clipearius* est l'un des derniers. Il suit
de loin le *Libellus de sacramentis*, achevé vers 1260, et il précède
le poème intitulé *Commendatitio Rudolfi, regis Romanorum* qui
paraît bien avoir été composé en 1273 ou 1274 [3]. Comme on l'a

1. Ainsi, dans l'*Armorial* descriptif du temps de Charles V, publié par Doüet
d'Arcq (nos 2 et 625), le dauphin est dit simplement d'*azur*. Dans le *Wapenboeck* du héraut Gelre, qui est de la même époque (t. III*, pl. I), le dauphin bleu
est agrémenté d'une touche de couleur rouge à la mâchoire inférieure, d'une
ligne rouge à l'ouïe ; l'œil est blanc avec une touche rouge.

2. Certains auteurs veulent que le dauphin des Dauphins de Viennois ait la
gueule close, et ils le nomment *dauphin vif*, tandis qu'ils donnent la gueule
ouverte au dauphin des Dauphins d'Auvergne qu'ils nomment *dauphin pâmé*,
« d'où il faut inférer que ceux qui blasonnent les armes du Dauphiné *au dauphin vif*, adjoustant qu'il est *lampassé, oreillé et barbelé de gueules*, se trompent,
sous correction, parce que le dauphin ayant la gueule close, ne peut être lampassé, ni jetter sa langue au dehors, non pas que je ne sache que ce poisson,
contre le naturel de tous les autres, a seul la langue mobile, suivant Pline »
(Géliot et Palliot, *La vraye et parfaite science des armoiries*, p. 247). Cf. Cte de
Foras, *Le blason*, p. 149.

3. Bendel, *Konrad von Mure*, p. 65 et s., 80 et s.

déjà remarqué, Conrad mentionne un margrave de Styrie ; or, la Styrie, qui était un duché depuis la fin du xiie siècle, n'est redescendue au rang de margraviat qu'en 1262 [1].

Je croirais volontiers que le poème héraldique de Conrad de Mure a été composé dans le troisième quart du xiiie siècle, vers 1262-1274 [2].

1. Liebenau, *Conrad's von Mure Clipearius Teutonicorum*, p. 237. Ganz, *Geschichte der heraldischen Kunst*, p. 179, note 38.

2. Les auteurs, comme Liebenau et M. Ganz, qui placent la rédaction du poème dans la première moitié du xiiie siècle, s'appuient sur les dates auxquelles certaines des armoiries qui y sont mentionnées, ont commencé et cessé d'être portées. Ils n'ont pas pris garde à ce fait qu'il est fort habituel de rencontrer dans les armoriaux, des blasons qui n'étaient plus portés lors de la rédaction des dits armoriaux. Il y a, dans les recueils héraldiques, des mentions rétrospectives. Voir l'*Armorial de France* que j'ai publié dans le *Moyen Age*, en 1920 (*Introduction*, p. 3).